Vicens Vives

Educación Primaria
Primer Ciclo

Cuaderno de actividades 2-B

Matemáticas

J. Fraile
C. Gómez

Ilustrado por: Kaffa.

ADVERTENCIA

Las actividades señaladas con un asterisco *
tienen un mayor nivel de dificultad.

Este libro está impreso en papel ecológico reciclable y con tintas exentas de elementos pesados solubles contaminantes (*Plomo, Antimonio, Arsénico, Bario, Cadmio, Cromo, Mercurio y Selenio*), que cumplen con la Directiva Europea 88/378/UE, según la norma revisada EN/71.

Diseño de la cubierta: Quod

Materiales curriculares para el primer ciclo de la Educación Primaria del área de Matemáticas, elaborados según el proyecto editorial supervisado por el Ministerio de Educación y Ciencia con fecha 29 de junio de 1998 (B.O.E. 17-7-98).

Primera edición
Primera reimpresión, 2000

Depósito Legal: B. 548-2000
ISBN: 84-316-4747-7
Nº de Orden V.V.: L-791

IMPRESO EN ESPAÑA
PRINTED IN SPAIN

Editorial VICENS VIVES. Avda. de Sarriá, 130. E-08017 Barcelona.
Impreso por Gráficas INSTAR, S.A.

Índice

Suma y multiplica:

2
2
2
+ 2

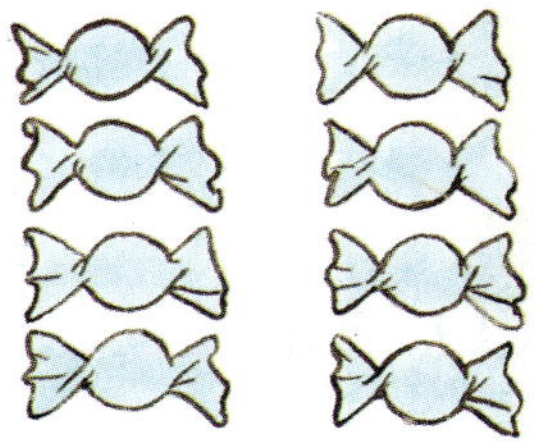

2
× 4

4
4
4
+ 4

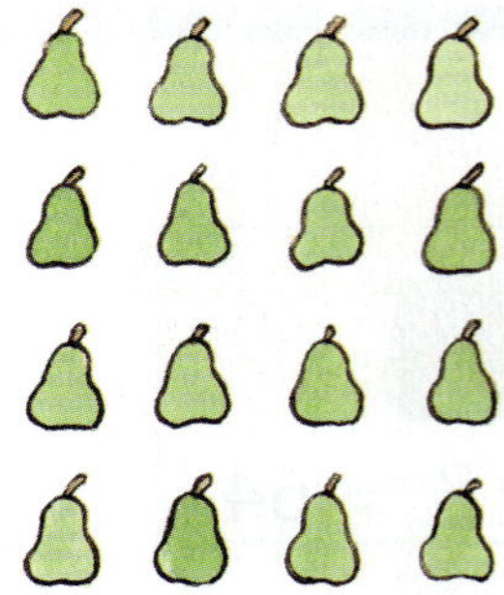

4
× 4

3
3
3
3
+ 3

3
× 5

6
6
+ 6

6
× 3

5
5
5
+ 5

5
× 4

2
2
2
2
+ 2

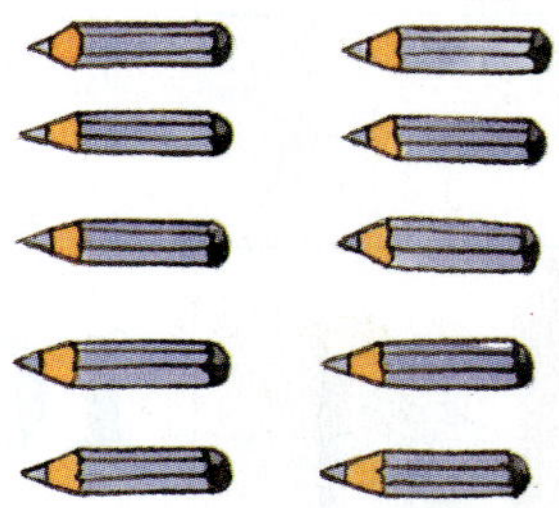

2
× 5

Calcula:

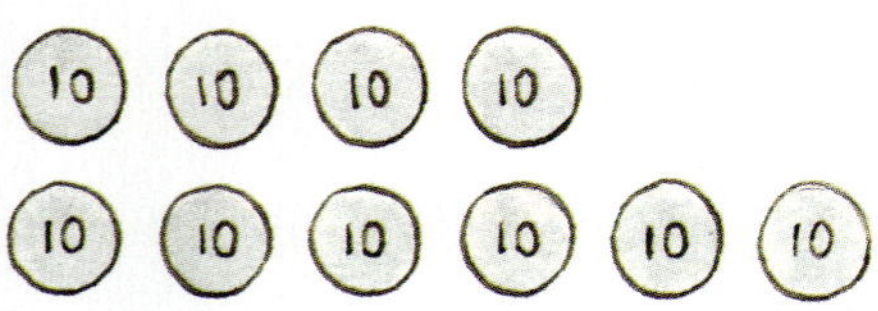

40
+ ---------
100

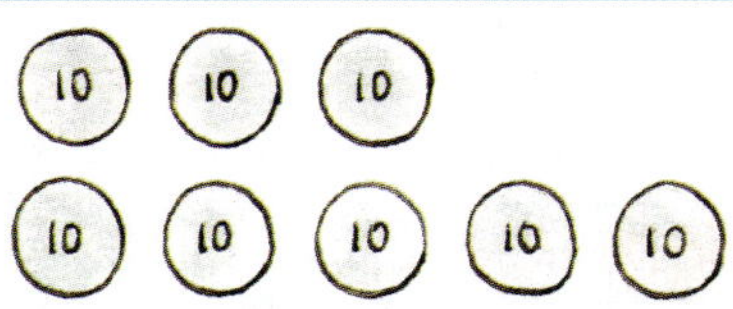

30
50
+ ---------
100

Tema 7: ● Multiplicación como suma reiterada. ■ Completar 100.

Resuelve:

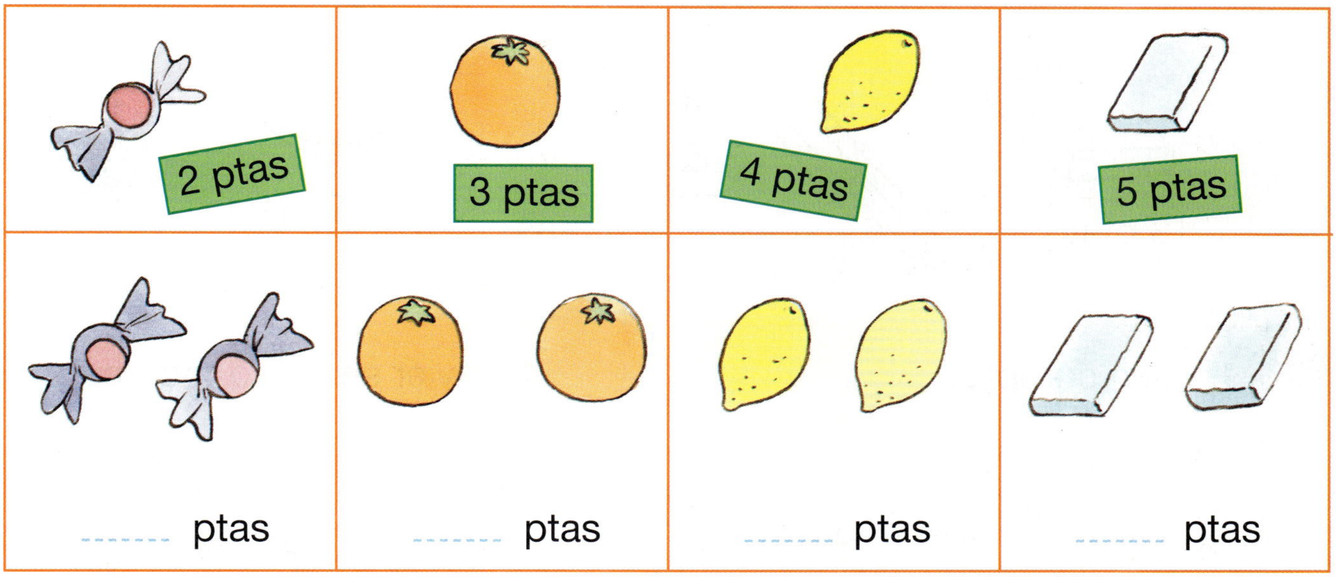

Calcula:

$2 \times 4 =$ ______	$2 \times 3 =$ ______	$2 \times 1 =$ ______
$2 \times 6 =$ ______	$2 \times 7 =$ ______	$2 \times 2 =$ ______
$2 \times 5 =$ ______	$2 \times 9 =$ ______	$2 \times 0 =$ ______

Tema 7: ● ■ Multiplicación. Tabla del 2.

Señala el dinero que llevaba cada uno:*

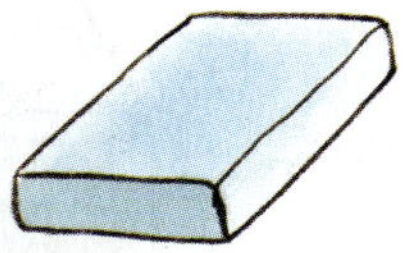
3 ptas

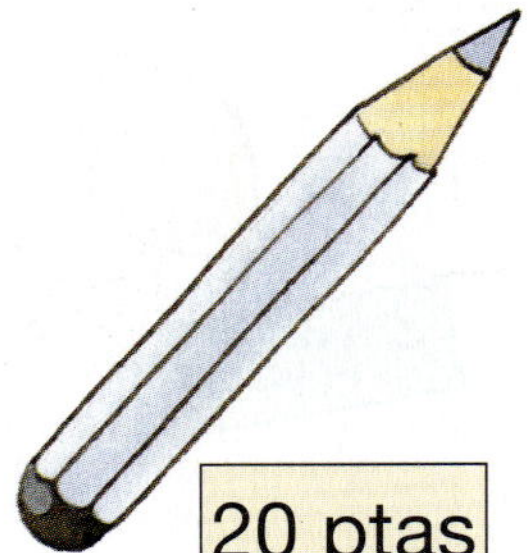
20 ptas

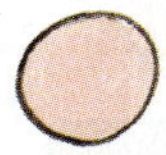
5 ptas

10 ptas

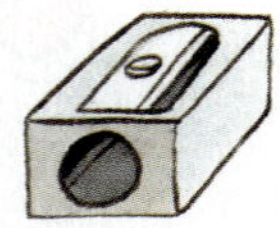
7 ptas

1. Juan compró:

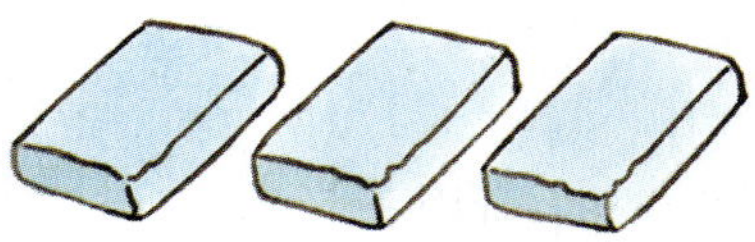

y le sobró dinero.

3 ptas | 5 ptas | 10 ptas

2. Elena compró:

y le sobró dinero.

5 ptas | 20 ptas | 50 ptas

3. Bibiana compró:

y le sobró dinero.

15 ptas | 20 ptas | 25 ptas

4. Javier se gastó todo para comprar:

30 ptas | 40 ptas | 50 ptas

5. José se gastó todo para comprar:

25 ptas | 13 ptas | 40 ptas

6. Bárbara compró:

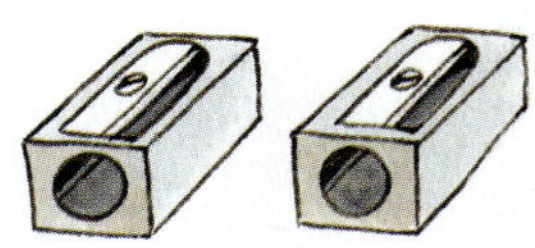

y le sobró dinero.

7 ptas | 14 ptas | 20 ptas

Tema 7: Estimación.

Suma:

$\begin{array}{r} 4 \\ +\ 4 \\ \hline \end{array}$

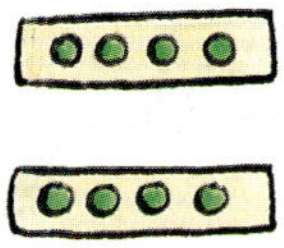

$\begin{array}{r} 4 \\ +\ 5 \\ \hline \end{array}$

7 + 7 = ____ 6 + 6 = ____ 8 + 8 = ____ 9 + 9 = ____

7 + 8 = ____ 6 + 7 = ____ 8 + 9 = ____ 9 + 10 = ____

Sumas y restas:

7 → (+ 3) → ____ → (- 3) → ____

$\begin{array}{r} 7 \\ +\ 3 \\ \hline \end{array}$ $\begin{array}{r} 10 \\ -\ 3 \\ \hline \end{array}$ $\begin{array}{r} 3 \\ +\ 7 \\ \hline \end{array}$ $\begin{array}{r} 10 \\ -\ 7 \\ \hline \end{array}$ $\begin{array}{r} 5 \\ +\ 5 \\ \hline \end{array}$ $\begin{array}{r} 10 \\ -\ 5 \\ \hline \end{array}$

$\begin{array}{r} 6 \\ +\ 3 \\ \hline \end{array}$ $\begin{array}{r} 9 \\ -\ 6 \\ \hline \end{array}$ $\begin{array}{r} 3 \\ +\ 6 \\ \hline \end{array}$ $\begin{array}{r} 9 \\ -\ 3 \\ \hline \end{array}$ $\begin{array}{r} 3 \\ +\ 3 \\ \hline \end{array}$ $\begin{array}{r} 6 \\ -\ 3 \\ \hline \end{array}$

$\begin{array}{r} 5 \\ +\ 4 \\ \hline \end{array}$ $\begin{array}{r} 9 \\ -\ 5 \\ \hline \end{array}$ $\begin{array}{r} 4 \\ +\ 5 \\ \hline \end{array}$ $\begin{array}{r} 9 \\ -\ 4 \\ \hline \end{array}$ $\begin{array}{r} 8 \\ +\ 8 \\ \hline \end{array}$ $\begin{array}{r} 16 \\ -\ 8 \\ \hline \end{array}$

Tema 8: ● Estrategias para sumar n + (n + 1). ■ Familias de resultados.

Completa la tabla:

2	4
6	12
3	
5	
4	
1	

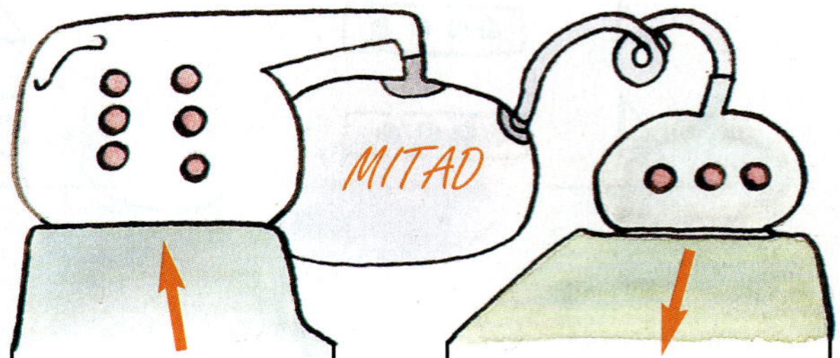

6	3
8	4
10	
4	
12	
2	

Une los puntos siguiendo el orden:

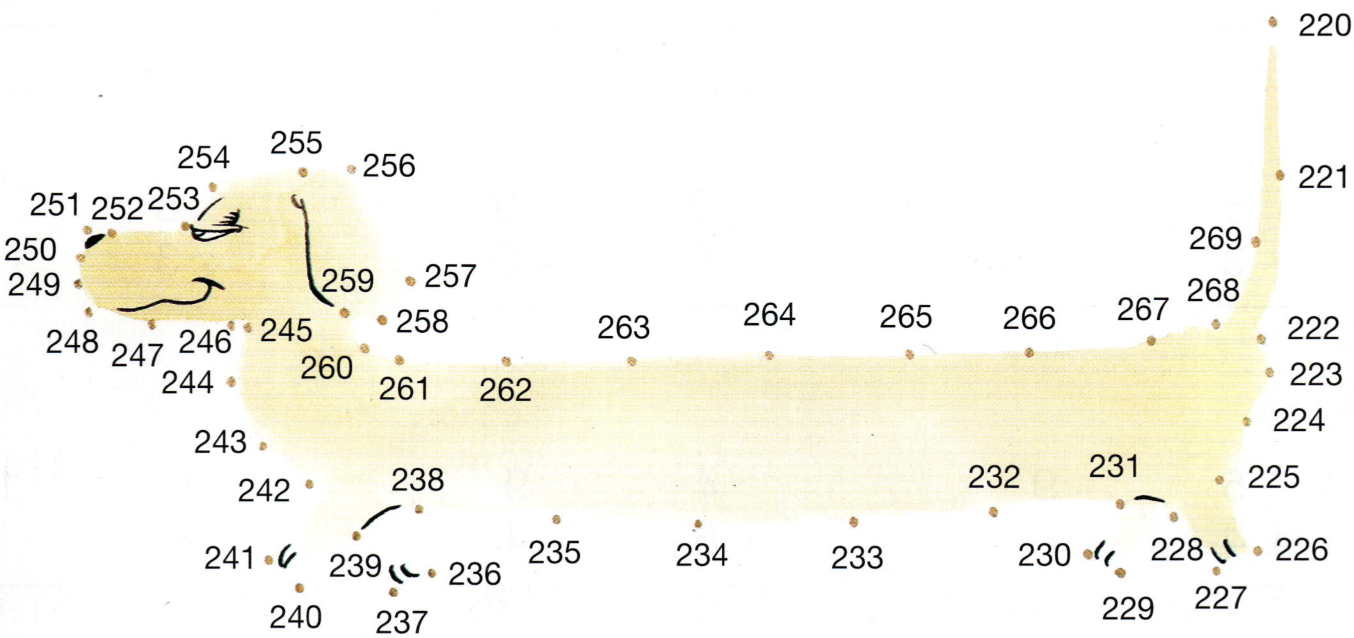

Tema 8: Doble y mitad. Serie numérica.

Escribe la cantidad:

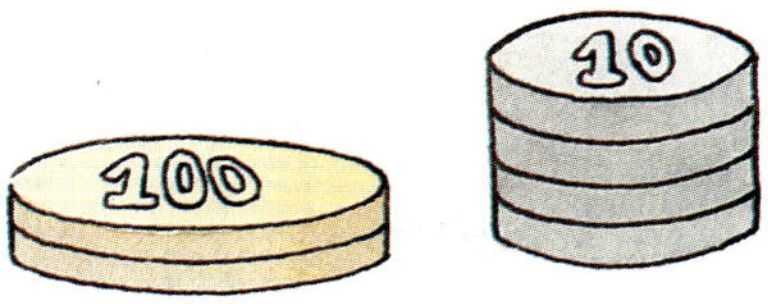

200 + 40 = 240

doscientas cuarenta

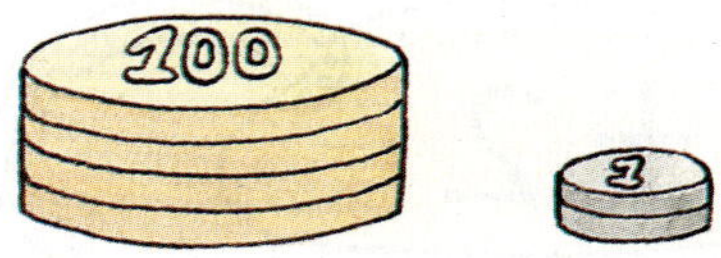

_____ + _____ = _____

_____ + _____ = _____

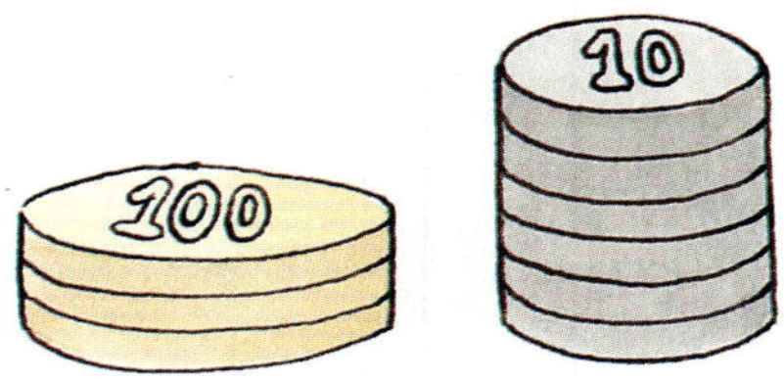

_____ + _____ = _____

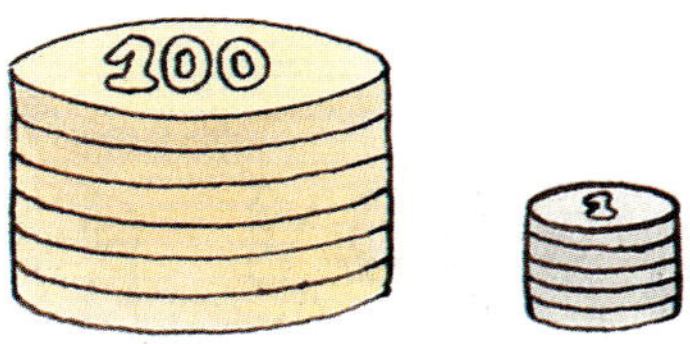

_____ + _____ = _____

_____ + _____ + _____ = _____

Rodea el número mayor:

403	304	826	628	418	814
112	211	534	435	916	619

Tema 8: ● Lectura y escritura de cantidades. ■ Comparación.

Descubre la operación que hace la máquina:*

7	9
12	14
30	
19	
17	
20	

9	7
14	12
32	
21	
19	
22	

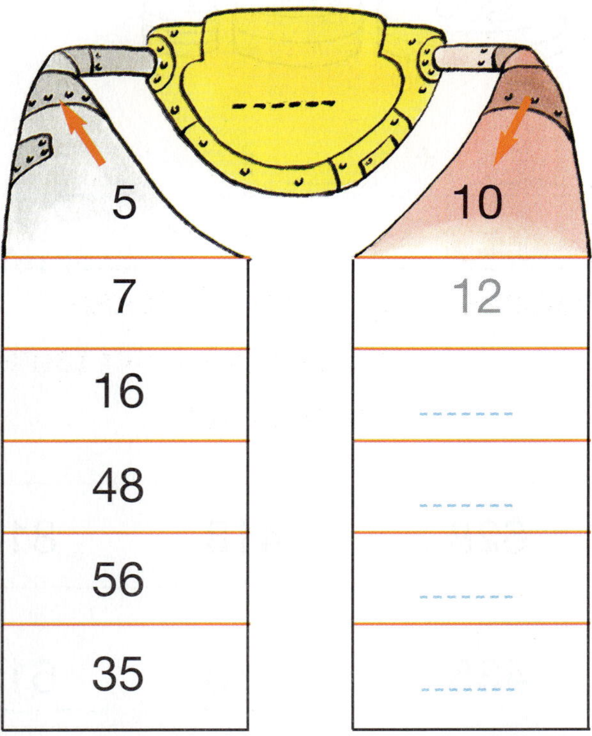

5	10
7	12
16	
48	
56	
35	

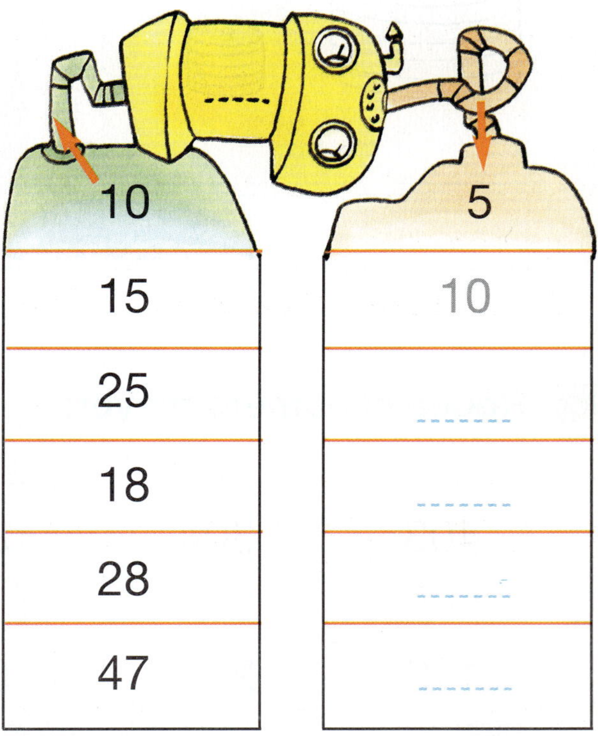

10	5
15	10
25	
18	
28	
47	

● Suma:

43	47	18	35	32
+ 19	+ 33	+ 24	+ 9	+ 18
25	45	53	49	22
+ 24	+ 6	+ 26	+ 46	+ 32

■ Resuelve:

1. Ivo tiene 16 canicas. 	Toni tiene 12 canicas. 	¿Cuántas canicas más tiene Ivo que Toni?
2. Ana tiene 18 canicas. 	Eva tiene 11 canicas. 	¿Cuántas le faltan a Eva para tener tantas como Ana?

Observa los precios:*

¿Qué hay en cada paquete?

Une los números en orden:

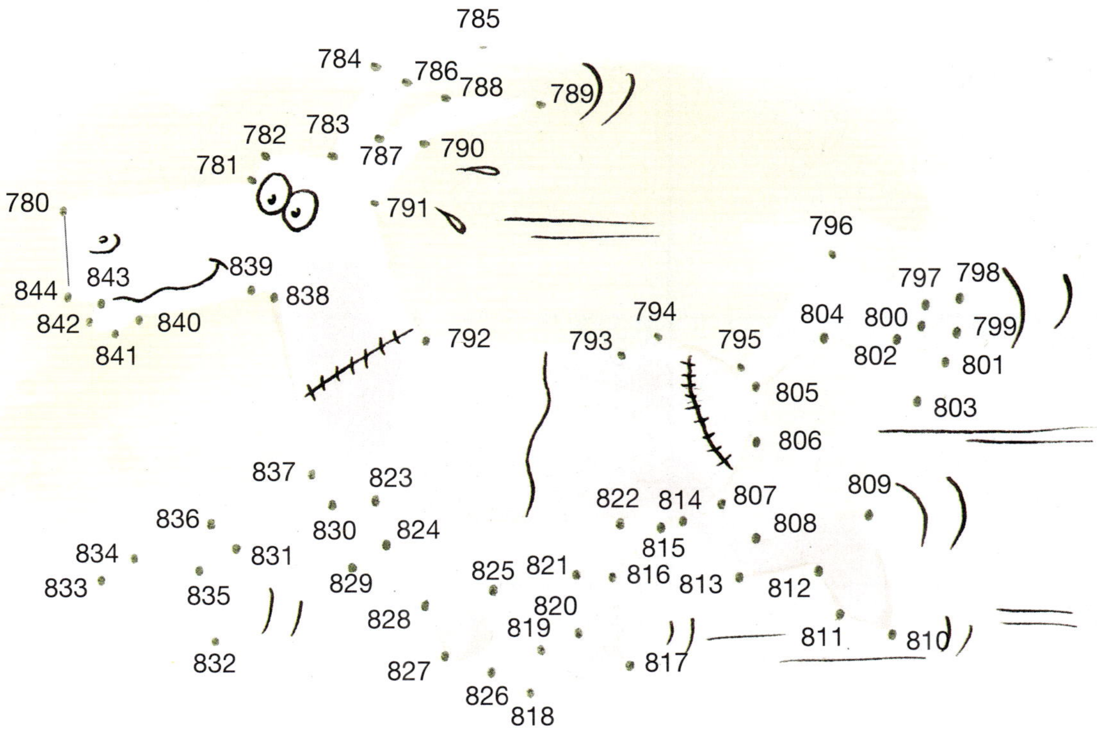

Recortable. Pega en la página 14 según el precio:

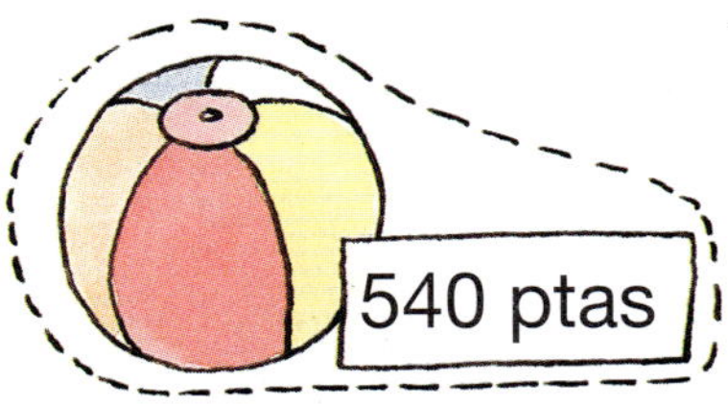

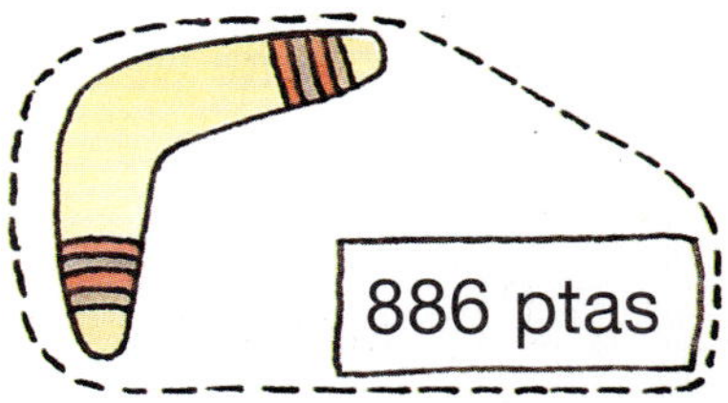

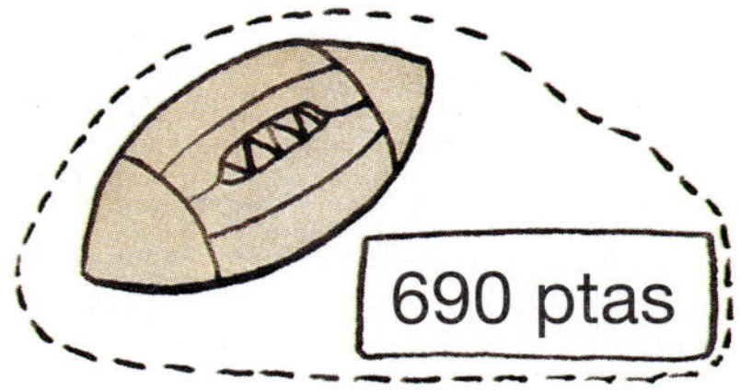

Ordena los juguetes del más caro al más barato:

1º. El más caro	2º	3º
4º	5º	6º
7º	8º	9º. El más barato

Tema 9: Ordenar.

Relaciona:

los que suman 50	
48	1
45	2
49	3
47	4
46	5

los que suman 100	
95	1
98	2
96	3
97	4
99	5

Cuenta de 3 en 3:

Separa en dos partes iguales:

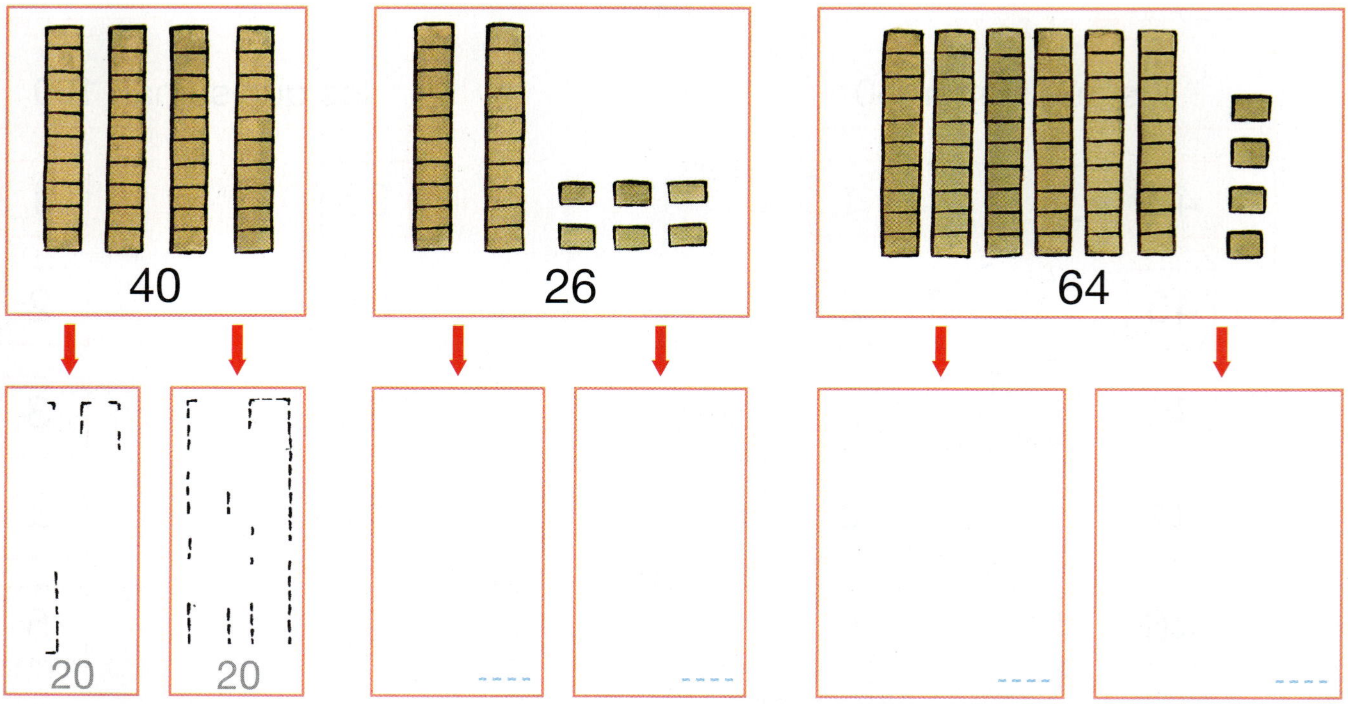

Suma:

82 + 4	70 + 23	37 + 50	30 + 46	72 + 10
32 + 46	50 + 10	56 + 27	32 + 28	49 + 25
55 + 44	16 + 61	58 + 36	75 + 16	85 + 12

Tema 10: ● Partes iguales. ■ Mecanización de la suma.

Todos los precios se han subido 10 ptas. Escribe las nuevas etiquetas:

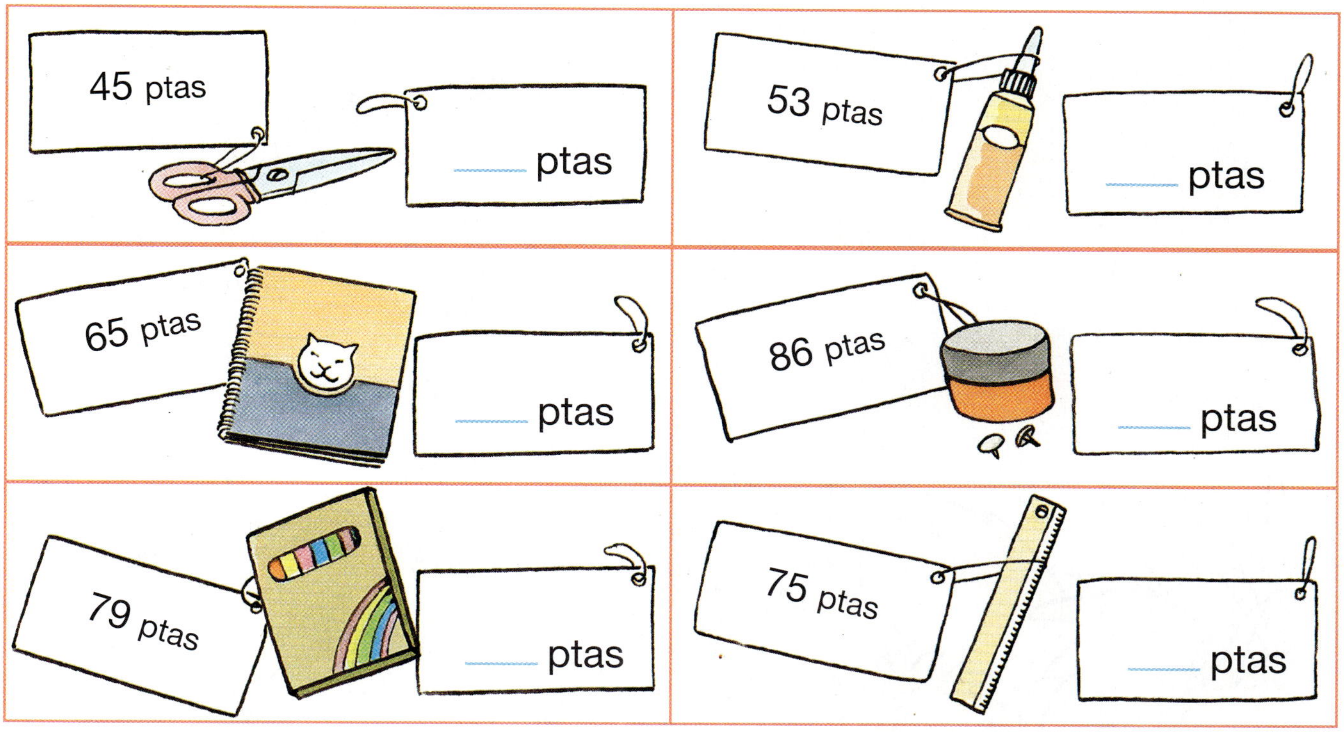

Coloca y suma:

39 + 19	45 + 8	17 + 18	5 + 86
3 9 + 1 9 ――― ___			

3 + 59	12 + 26	62 + 9	52 + 37

Tema 10: ● Problemas de transformación. ■ Disposición vertical del algoritmo.

Une los puntos en orden:

Mira los precios:*

Marcos tiene:

- 5 monedas de 10 ptas
- 6 monedas de 1 ptas

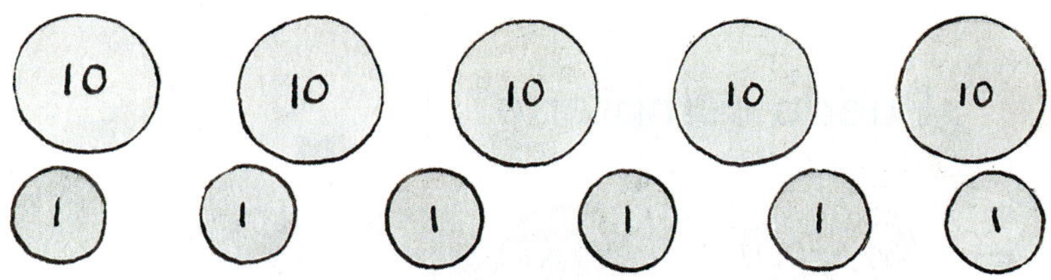

¿Puede comprar sin pedir cambio?

SÍ NO

SÍ NO

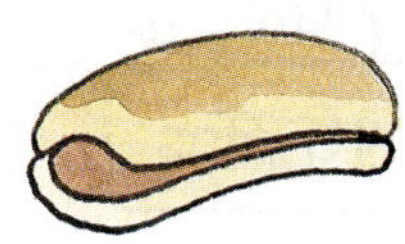

SÍ NO

SÍ NO

SÍ NO

SÍ NO

Tema 10: Estimación.

Resta:

35 − 16	91 − 52	71 − 17	50 − 25	83 − 21
94 − 32	47 − 19	47 − 26	93 − 24	70 − 60
15 − 15	34 − 12	76 − 34	83 − 29	38 − 29

¿Puedo comprarlo?

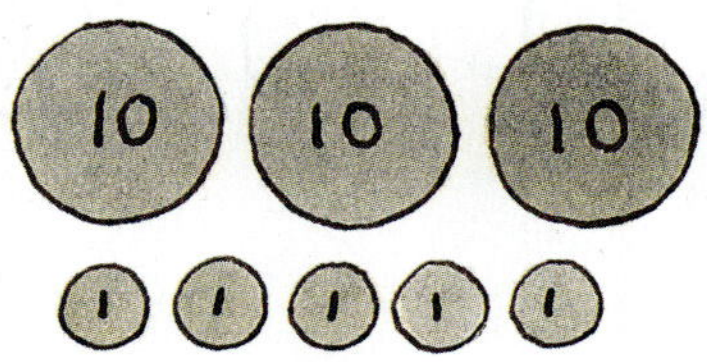

SÍ NO

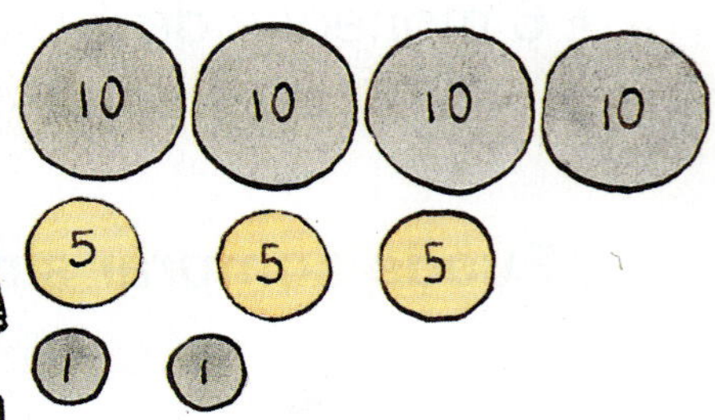

SÍ NO

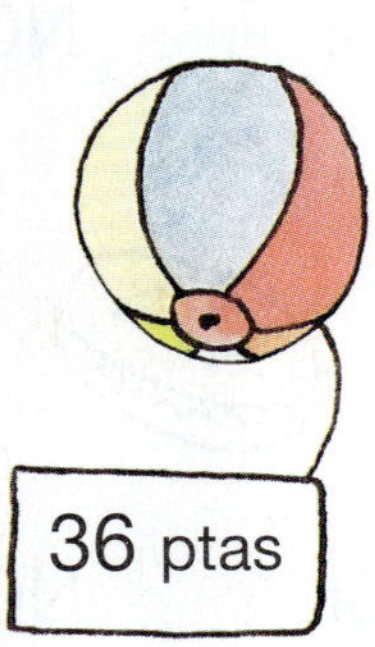

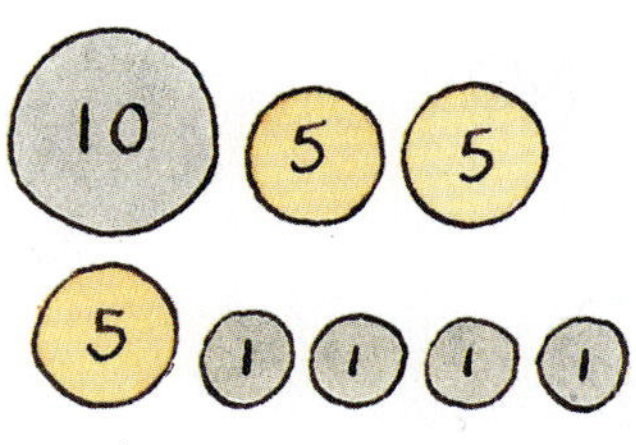

SÍ NO

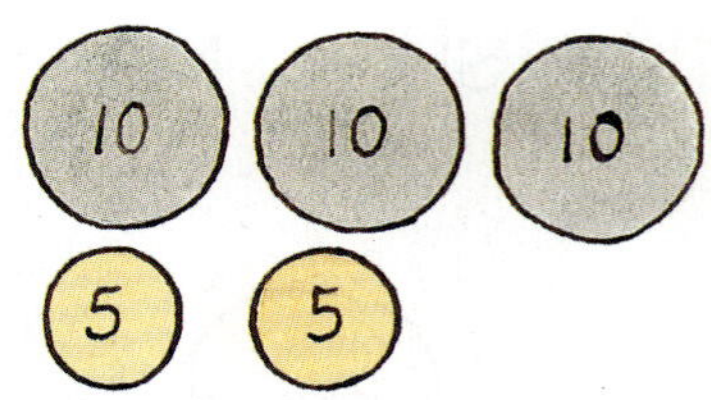

SÍ NO

Tema 11: ● Restas llevando. ■ Estimación.

Completa:

400 + 30 + 6 = ____

100 + 80 + 2 = ____

500 + 20 + 7 = ____

300 + 60 + 8 = ____

200 + 40 + 4 = ____

400 + 10 + 5 = ____

300 + ____ + 4 = 374

____ + 10 + 8 = 418

200 + 30 + ____ = 239

____ + 40 + 7 = 247

300 + 60 + ____ = 365

100 + ____ + 4 = 124

Sumas y restas:

$\begin{array}{r} 48 \\ +\ 47 \\ \hline \end{array}$	$\begin{array}{r} 72 \\ -\ 37 \\ \hline \end{array}$	$\begin{array}{r} 13 \\ +\ 67 \\ \hline \end{array}$	$\begin{array}{r} 84 \\ -\ 16 \\ \hline \end{array}$	$\begin{array}{r} 31 \\ -\ 19 \\ \hline \end{array}$
$\begin{array}{r} 29 \\ +\ 45 \\ \hline \end{array}$	$\begin{array}{r} 35 \\ +\ 38 \\ \hline \end{array}$	$\begin{array}{r} 81 \\ +\ 18 \\ \hline \end{array}$	$\begin{array}{r} 67 \\ -\ 26 \\ \hline \end{array}$	$\begin{array}{r} 45 \\ -\ 36 \\ \hline \end{array}$
$\begin{array}{r} 80 \\ -\ 12 \\ \hline \end{array}$	$\begin{array}{r} 62 \\ -\ 33 \\ \hline \end{array}$	$\begin{array}{r} 43 \\ -\ 15 \\ \hline \end{array}$	$\begin{array}{r} 37 \\ +\ 53 \\ \hline \end{array}$	$\begin{array}{r} 63 \\ +\ 40 \\ \hline \end{array}$

Tema 11: ● Descomposición en centenas, decenas, unidades. ■ Mecánica de la suma y resta.

Resta:

62 − 30	82 − 22	78 − 48	68 − 49	97 − 23
79 − 39	62 − 51	84 − 69	56 − 37	77 − 61
97 − 79	61 − 42	99 − 32	83 − 45	71 − 23

Completa:

6 + ... = 10
60 + ... = 100

8 + ... = 10
80 + ... = 100

7 + ... = 10
70 + ... = 100

4 + ... = 10
40 + ... = 100

Continúa:

Resuelve:

1. Lucía tiene 27 canicas.	Pierde 18 canicas.	¿Cuántas le quedan?
		....

2. Juan tiene 12 canicas.	Luis tiene 5 canicas menos que Juan.	¿Cuántas canicas tiene Luis?
		....

3. Luisa tiene 15 canicas.	María tiene 6 canicas más que Luisa.
Dibuja	Dibuja

¿Cuántas canicas tiene María? ....

Tema 11: Problemas de transformación y de comparación.

Contesta sin hacer la operación:*

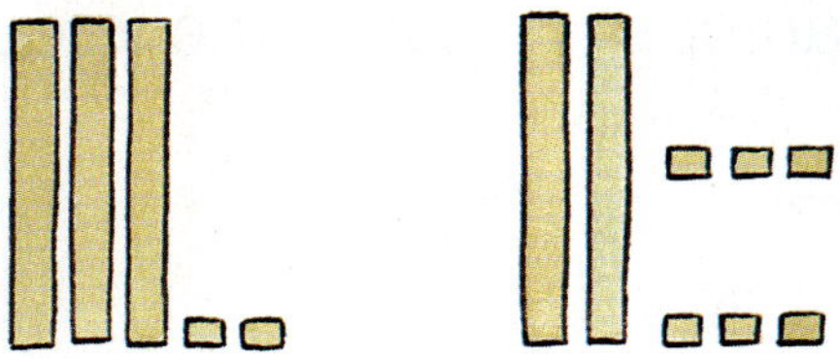

32 + 26

Es mayor que 50 — SÍ / NO

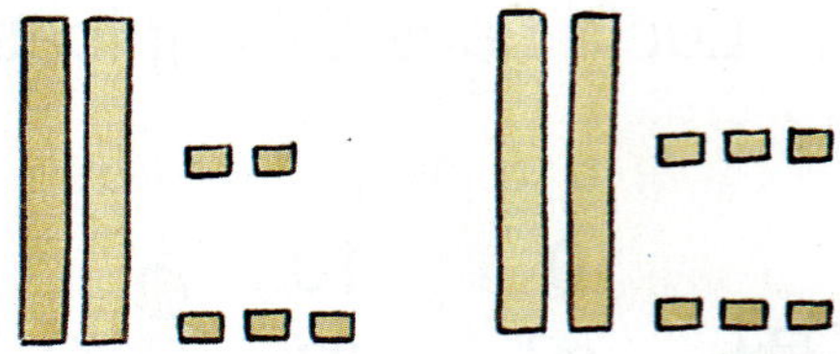

25 + 26

Es mayor que 60 — SÍ / NO

51 − 16

Es mayor que 50 — SÍ / NO

43 − 13

Es mayor que 20 — SÍ / NO

Resta:

65 − 39	90 − 28	94 − 81	41 − 30	62 − 57
98 − 89	37 − 8	80 − 79	49 − 25	40 − 19

Tema 11: ● Estimación y comparación. ■ Mecanización de la resta.

¿Cuántos cuadros hay de cada color?

Coloca y resta:

97 – 24	34 – 16	45 – 7	86 – 32
97 – 24 ___			

43 – 25	62 – 60	58 – 13	82 – 5

Resta:

37 − 13	49 − 46	35 − 17	74 − 38	98 − 49
54 − 22	80 − 56	80 − 26	61 − 7	72 − 18
35 − 9	41 − 26	67 − 43	53 − 26	97 − 14

Completa:

408	400 + 8	cuatrocientos ocho
236		
	500 + 10 + 5	
		setecientos cuarenta
802		
	300 + 80	
		seiscientos seis

Suma:

346 + 216	261 + 38	743 + 49	420 + 320
453 + 329	144 + 306	586 + 83	802 + 28
209 + 346	530 + 190	200 + 435	156 + 400

Colorea los cuadrados con número mayor que 500:

310	200	445	150	315	401	113	227	320	450	342
240	670	403	230	460	600	455	625	555	815	435
120	520	358	203	400	700	370	715	379	852	131
408	710	220	505	140	800	410	910	451	895	420
147	860	900	620	480	650	153	880	456	730	387
481	162	432	790	425	520	452	937	164	956	483
399	231	457	975	192	900	386	780	940	999	183
440	185	233	430	171	453	182	490	187	375	454

Suma:

37	26	52	76	62
+ 64	+ 95	+ 59	+ 46	+ 82

98	25	87	47	75
+ 38	+ 35	+ 26	+ 53	+ 25

50	32	45	17	27
23	41	21	21	21
+ 17	+ 53	+ 62	+ 62	+ 71

200 + 400 = ____ 100 + 200 = ____ 300 + 600 = ____

500 + 300 = ____ 200 + 700 = ____ 300 + 200 = ____

Señala las 7 diferencias:

Tema 12: ● Sumas de números de 2 cifras con resultado mayor de 100. Suma de centenas. ■ Buscar diferencias.

Coloca y suma:

32 + 85 = ☐

63 + 41 + 52 = ☐

168 + 29 = ☐

125 + 30 + 15 = ☐

514 + 36 = ☐

80 + 32 + 46 = ☐

65 + 213 = ☐

343 + 68 = ☐

Colorea los resultados de las sumas anteriores:

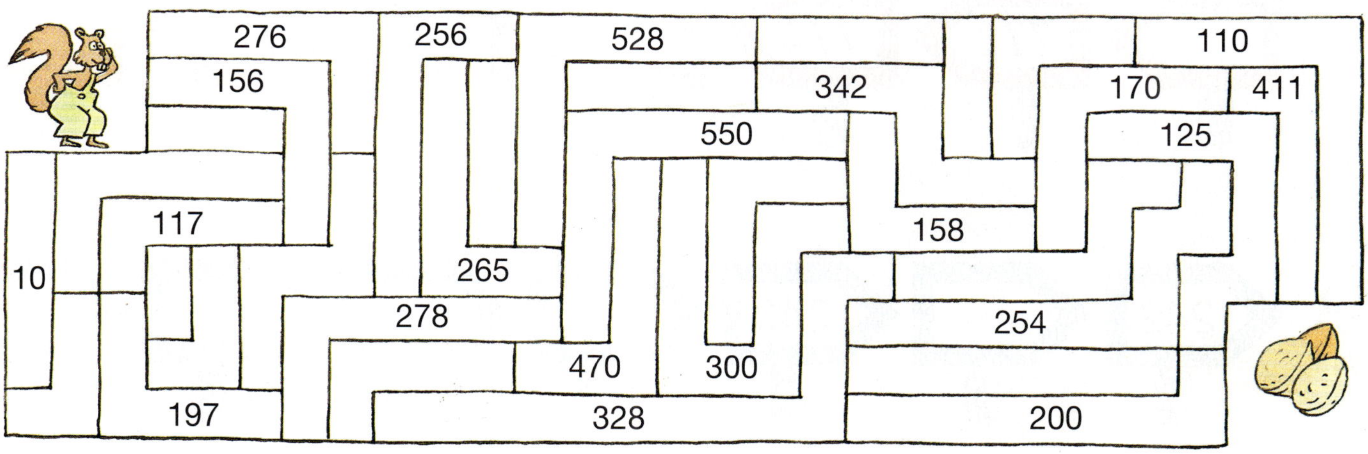

Tema 12: ● Disposición del algoritmo en vertical. ■ Reconocimiento de números.

Suma o resta:

257 + 361 = -------	178 + 95 = -------	302 + 69 = -------	627 + 165 = -------
85 − 12 = -------	76 − 19 = -------	42 − 38 = -------	56 − 36 = -------
374 + 392 = -------	742 + 236 = -------	637 + 124 = -------	429 + 81 = -------
40 − 40 = -------	88 − 66 = -------	98 − 39 = -------	61 − 49 = -------

Completa las series:

------- → 773 → 774 → ------- → ------- → 777 → -------

242 ← ------- ← 240 ← ------- ← ------- ← ------- ← 236

Tema 12: ● Sumas y restas: algoritmo. ■ Series numéricas.

● ¿Cuánto vale?*

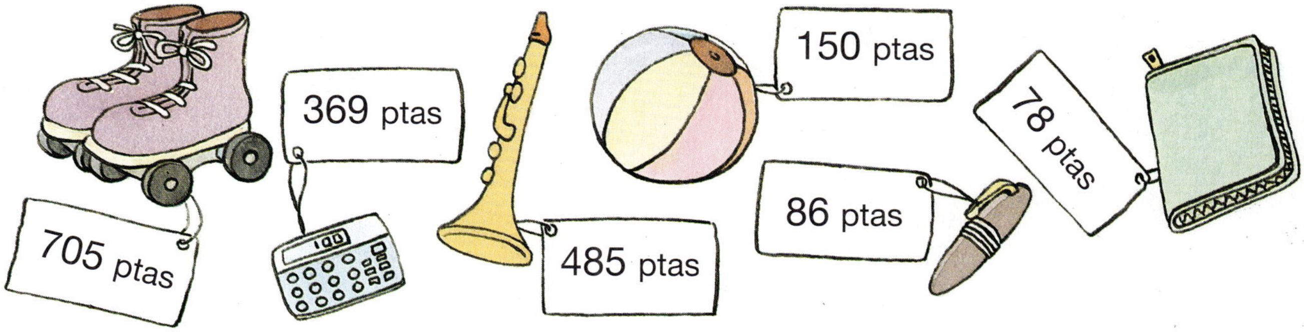

 y 

 y 

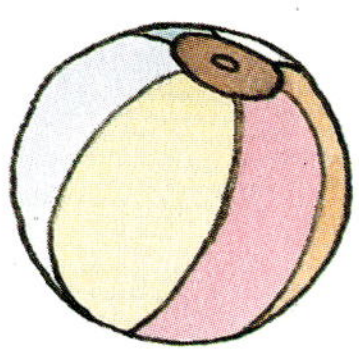 y 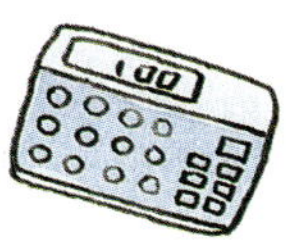

 y 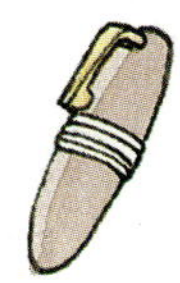

■ Cuenta de dos en dos:

Tema 12: ● Problemas de combinación. ■ Conteo de 2 en 2.